ÉTAT INDÉPENDANT DU CONGO

ANNALES DU MUSÉE DU CONGO

PUBLIÉES PAR ORDRE DU SECRÉTAIRE D'ÉTAT

ETHNOGRAPHIE & ANTHROPOLOGIE. — SÉRIE II.

LES COLLECTIONS ETHNOGRAPHIQUES

DU MUSÉE DU CONGO

PAR

TH. MASUI

LIEUTENANT D'ARTILLERIE

DIRECTEUR DU MUSÉE DU CONGO

Planches dessinées par M. Am. LYNEN, sous la direction de l'auteur.

Tome I. — Fascicule 1.

BRUXELLES

IMPRIMERIE CHARLES VANDE WEGHE

12, VIEILLE-HALLE-AUX-BLÉS, 12

Avril 1899

LES COLLECTIONS ETHNOGRAPHIQUES
DU MUSÉE DU CONGO

Avant d'entamer la description méthodique des pièces ethnographiques si nombreuses appartenant au Musée de l'État du Congo, dressons un inventaire rapide des collections publiques similaires existant en Belgique et à l'étranger et se rapportant aux mêmes populations du grand fleuve équatorial et des contrées avoisinantes.

Nous tenons la plupart des renseignements de ceux-là mêmes qui ont la haute direction de ces collections, et nous nous faisons un devoir de remercier ici pour l'aide qu'ils ont bien voulu nous apporter :

MM. van Overloop et le Bon de Loë, á Bruxelles;

von Luschow; « Kgl. Museum für Völkerkunde », Berlin;

Schurtz; « Städtiches Museum für Natur-, Völker- u. Handelskunde », Brême;

Bjtölting; « Museum für Völkerkunde », Hambourg;

M. Büchner; « Kgl. ethnographisches Museum », Munich;

A. D. Meyer; « Kgl. Zoologisches und Anthropologisch-Ethnographisches Museum », Dresde;

C. Northoff; « Museum für Völkerkunde », Leipzig;

F. Heger; « K. K. Naturhistorisches Hofmuseum », Vienne;

F. Sarasin; Musée ethnographique, Bâle;

H. Kasser; « Bernischer Historisches Museum »;

Hamy; « Musée du Trocadéro », Paris;

O. M. Dalton; « British Museum », Londres;

Walter Clark; « Edinburgh Museum of Science and Art »;

Yungvar Nielsen, Christiania;

G. Retzius; « Section ethnographique du Musée d'histoire naturelle de l'État », Stockholm;

S. Müller; « Nationalmuseet », Copenhague;

E. Schmeltz; « Rijks Ethnographisch Museum », Leide;

C. Kerbert ; Koninglijk Zoologisch Genootschap « Natura Artis Magistra », Amsterdam.

Parmi les belles collections du bassin du Congo, il faut placer celle du musée de Berlin, contenant plus de 2,000 objets, réunis par Reichardt, von Wissmann, von François, Pogge, Büchner, Büttner, L. Wolf, Kund, Tappenbeck, von Mechow, Schweinfurth, Emin, Mense, Langheld, Stuhlmann, Müller, Thonner. Il suffit de parcourir la liste des noms célèbres cités plus haut pour se convaincre que ces collections doivent être d'une valeur inappréciable et concerner la presque totalité des peuplades du Congo. « A l'exception du district du Lualaba supérieur, nous écrit le Professeur von Luschow, la plupart des provinces de l'État du Congo sont également représentées. »

Le musée de Brème a acquis en 1889, une collection d'environ 170 objets : pipes, nattes, armes, instruments de musique, fétiches, qui pour la plupart sont du Bas-Congo.

Le musée ethnographique de Hambourg possède 100 objets de toutes les régions du Congo et principalement de la côte.

A Munich il y a à peu près 300 pièces : ustensiles de ménage, vêtements et fétiches, comme on en rencontre dans la plupart des collections. Les origines ne sont pas toujours bien déterminées.

Le Musée royal d'ethnographie de Dresde montre de l'État du Congo et du Lunda environ 140 objets offerts, en 1886, par le Dr Wolf. La plus grande partie de ces objets provient du bassin du Sankuru : Basongo-Meno, Bakuba, Baluba, etc.

A Leipzig il y a 293 pièces qui, presque toutes, figurent dans les collections du musée de l'État du Congo, d'où elles proviennent.

Les collections du musée de Vienne sont importantes, 1,200 objets environ. A citer :

Collection du Dr Joseph Chavanne, acquise en 1884 : 104 objets de la côte occidentale; la plupart portent leur nom indigène; il faut remarquer surtout les fétiches nombreux dont les destinations sont bien déterminées.

Collection du Dr Lipp, réunie en 1884-85 : 25 objets de la côte occidentale.

Une seconde collection du Dr Chavanne, acquise en 1885 : 175 objets de la côte occidentale.

Collection de Joseph Mikić, acquise en 1886 : 50 objets des Bateke, Basundi, etc., principalement des armes, quelques fétiches et très peu de bijoux.

Collection de R. Schneider, réunie pendant le premier voyage de Wissmann et comprenant 160 objets du Sankuru et du Kasai, principalement des armes.

Collection de l'expédition au Congo du Dr Oscar Lenz et d'Oscar Baumann, 1885-1887 : 529 objets des populations habitant les rives du Congo depuis l'embouchure jusqu'au delà des Stanley-Falls. Malheureusement beaucoup d'objets acquis aux Stanley-Falls ne portent pas d'indication précise.

Collection du Dr A. Steiner, 1887-88 : 13 objets du Bas-Congo.

Collection de A. Sigl, 1893 : 63 objets des peuplades habitant l'ouest du

Tanganika. Une seconde collection du même explorateur, datée de 1896, contient 66 objets de la même région, mais provenant des peuplades qui habitent plus au nord.

A Bâle, le musée de la ville ne possède qu'une seule collection de M. L. Woog, soit 250 objets dont la majorité proviennent des populations des rivières de l'Équateur : Gombe, Mongo; à remarquer des arcs, carquois et flèches des tribus de nains de la Maringa.

Le musée d'histoire de Berne, qui possède des objets de la Haute-Égypte, du Soudan, du Dahomey, de la Sénégambie, etc., n'a que quelques objets du Congo dont un broc d'ivoire curieux que le Dr Bastian attribue aux colonies portugaises de l'Afrique et qui proviendrait peut-être de Landana. Cependant il se pourrait aussi qu'elle ait été rapportée du Benin, d'autant plus que le Dr Kasser lui-même est frappé de son analogie avec un objet en bois provenant du Sokoto et qui se trouve au même musée de Berne.

Au musée du Trocadéro, à Paris, c'est le Congo français qui, ainsi qu'il fallait s'y attendre, est le plus largement représenté. Les remarquables séries sont :
Celle provenant de la mission de l'ouest africain; Pierre Savorgnan de Brazza et ses collaborateurs : Jacques de Brazza, de Chavannes, Dolisie, Marche, Ch. Roche, etc. 706 objets de Loango et des populations riveraines du Congo, de l'Alima, de la Sanga, de l'Ubangi.
Une collection de 122 objets de la Haute-Sanga de Pierre S. de Brazza, Ponel, etc.
Un don de M. Cholet de 222 objets, de Loango, du Niadi et de la Ludima.
347 objets provenant de la mission Clozel et Dr Herr : Loango, Haute-Sanga, Bali, Mambere, Nana.
Un don de M. Ferrière de 234 objets, provenant de Loango, de la Haute-Sanga et du Mambere.
Des objets de la Haute-Sanga de la mission Voillot.
Les objets rapportés par la mission de Jean Dybowski, soit 702 objets de toutes les populations rencontrées pendant son voyage par l'Ubangi jusqu'au bassin du Tchad.
Il faut ajouter encore une série de dons de collections numériquement moins importantes faits par diverses personnes et provenant des mêmes contrées.
Le total de toutes ces collections donne le chiffre important de 2,780 objets.
Nous ne pouvons signaler en France d'autres collections ethnographiques du Congo, sauf une série d'armes du Musée d'ethnographie de Rouen.

Le British Museum ne possède qu'environ 600 objets du Congo dont 240 pièces (lances, javelots, couteaux) des Zande et Mangbetu, le reste de divers tribus du Congo proprement dit et du bassin du Kasai.

Nous citerons encore en Angleterre une quarantaine d'objets donnés par le Rév. J. L. Roger, au musée des sciences et arts d'Édimbourg et venant du Stanley-Pool.

En Norwège, en Suède et en Danemark existent plusieurs collections de l'État du Congo réunies par des voyageurs nationaux de ces pays. Le musée de Christiania possède ainsi une belle collection faite par les capitaines Martini et Schonberg et relative à toutes les parties baignées par le haut Congo navigable (1891). Le même musée possède, en outre, une collection spécialement d'armes, réunie par le capitaine Carlsen (1898) et une collection de M. Jensen (1885). En tout 660 objets.

Le musée de Stockholm expose 952 objets qui lui appartiennent et 148 qu'il a en dépôt, soit 1,100 objets qui se décomposent principalement en ustensiles de ménage (210), vêtements et ornements (295), armes (475), instruments de musique et fétiches. Les objets proviennent du baron af Schwerin (385 objets) 1887; de M. O. Fredriksen (150 objets) 1890; de M. G. Ulff (136 objets) 1894, etc.

Les collections du Musée national de Copenhague comprennent environ 400 objets de tout le Congo, sauf les provinces orientales.

Avec les Musées de Paris et de Berlin, le Musée royal d'ethnographie des Pays-Bas est des plus riche pour l'étude des populations du bassin du Congo; cette division du musée de Leide renferme à peu près 3,000 objets dont une partie dérive des collections de l'État du Congo, et l'autre provient des fonctionnaires de la N. A. H. V., MM. de Bloeme, Greshoff, Kooiman, etc. « Nous possédons, nous écrit le Dr Schmeltz, une belle collection d'objets des tribus habitant les bords du Kasai; au point de vue ethnographique les armes de notre division du Congo sont très importantes, parce que nous en possédons une série montrant le développement des formes et de l'ornementation » (1).

Les objets du Congo du Musée d'ethnographie de la Société royale de zoologie d'Amsterdam forment une petite collection de la côte occidentale bien classée et intéressante.

Il devait appartenir à la Belgique de devenir un centre d'études considérable pour les populations de l'Afrique centrale; beaucoup de nos explorateurs ont en effet réuni de sérieuses collections durant leurs voyages au Congo. Pour la plupart elles ont été conservées par eux, et, sauf pour celles exposées au musée d'ethnographie de la Porte de Hal (2), c'est dans les habitations privées qu'elles se trouvent actuellement.

Le jour où l'État du Congo, dégagé des préoccupations d'organisation de ses vastes territoires, s'est occupé d'apporter à la science le concours que l'on pouvait

(1) Le Dr Schmeltz se propose de publier, dans le cours de cette année, un album ethnographique du Bassin du Congo.

(2) Ces objets seront étudiés en même temps que ceux du Musée de l'État du Congo. Grâce à l'obligeance de M. van Overloop, conservateur en chef, et du baron A. de Loë, conservateur des Musées royaux, nous sommes à même de tirer parti des belles collections réunies par l'État belge ; celles-ci comprennent notamment une série de 130 objets, de M. Camille Janssens, gouverneur général honoraire de l'État Indépendant (1891). — La collection de la Région de Kasai est importante (près de 200 pièces), les autres sont surtout représentées par des armes; le total donne plus de 600 objets différents.

attendre de lui, il n'a pas failli à sa tâche et nous répéterons ici ce que nous écrivions dans le rapport adressé en septembre 1898 au baron van Eetvelde, secrétaire d'État, rapport paru en annexe aux premiers fascicules des *Annales du Musée* :

« Dès 1894, lors de la fermeture de l'Exposition d'Anvers, vous avez bien voulu décider que les collections du Congo, réunies en vue de cette exposition, constitueraient le noyau d'un musée que le Gouvernement s'efforcerait de compléter par la suite.

» Dans le principe, les efforts se sont principalement portés sur le développement des collections ethnographiques qu'il fallait réunir sans retard, celles-ci devenant de plus en plus rares et menaçant d'être un jour introuvables.

» Des demandes précises, mentionnant les catégories d'objets manquants, furent envoyées en Afrique où les agents de l'État s'efforcèrent de les réunir; des achats et des dons vinrent de leur côté enrichir d'une façon considérable les collections existantes; parmi ces derniers, il faut signaler principalement celui de la collection réunie par la « Société pour le Commerce et l'Industrie du Haut-Congo » et ceux de divers fonctionnaires qui ont bien voulu se dessaisir des objets qu'ils avaient rapportés d'Afrique, en faveur de l'institution naissante.

» Pour permettre l'étude ethnologique complète des indigènes, d'autres données, non moins importantes, sont encore indispensables; il faut que des observations sur les mœurs, le *folklore*, que des renseignements linguistiques viennent compléter les documents matériels du Musée; sous ce rapport aussi les agents de l'État ne sont pas restés inactifs et le Gouvernement a sans cesse encouragé la publication de leurs travaux, particulièrement ceux intitulés « Publications de l'État Indépendant du Congo » qu'il a pris à sa charge.

» Les contingents de noirs qui sont venus aux expositions d'Anvers (1894) et de Bruxelles-Tervueren (1897) ont permis au Docteur Jacques de se livrer à des observations anthropologiques approfondies sur certaines tribus indigènes, et les renseignements consignés dans les *Annales de la Société Belge d'Anthropologie* seront d'une très grande utilité pour la reconstitution de l'histoire des races congolaises » (1).

Nous ne pouvons mieux faire, pour donner un aperçu d'ensemble des richesses ethnographiques ainsi accumulées, que de reproduire un tableau synoptique des objets appartenant à l'État; mais auparavant il est nécessaire de définir la méthode de classification adoptée.

En attendant qu'une étude approfondie des peuplades congolaises permette des groupements plus conformes au desiderata de la science ethnologique, nous avons réparti les objets en douze régions :

1. La *Région Maritime*, savoir le vaste estuaire du Congo et le bassin du Shiloango (versant oriental des Monts de cristal).

(1) Des trousses contenant les appareils de mensuration et des carnets et questionnaires anthropologiques et ethnographiques ont été envoyées au Congo, principalement aux médecins, au mois de décembre 1898. Ce matériel a été confectionné sous la direction du Dʳ Jacques qui s'occupera par la suite de coordonner les résultats anthropométriques.

2. La *Région des Cataractes*.

3. La *Région du Stanley-Pool*.

4. La *Région du Kwango*.

Ces troisième et quatrième régions constituant pour ainsi dire le versant oriental de la chaîne côtière séparant l'Atlantique du bassin central du Congo.

5. La *Région du lac Léopold II*.

6. La *Région de l'Équateur*.

7. La *Région des Bangala*.

8. La *Région de l'Aruwimi*.

Les régions 5, 6, 7 et 8 englobent les territoires de la cuve du bassin

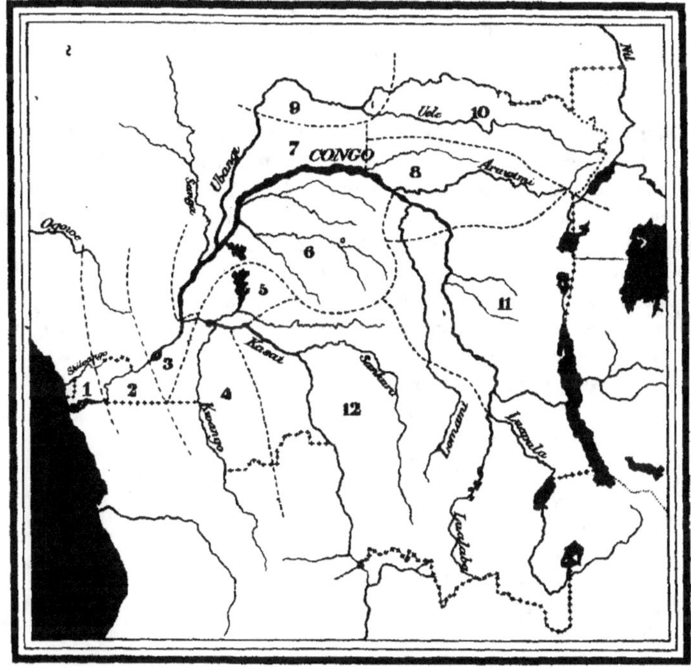

Le Congo divisé en 12 Régions ethniques.

du Congo central couverte, on le sait, d'une immense forêt, la forêt équatoriale, d'où « Région de la grande forêt, » ainsi que nous l'avons souvent dénommée.

9. La *Région du Haut-Ubangi*, caractéristique par les peuplades qui l'habitent ; l'État possède seul une importante série des objets qui en proviennent.

10. La *Région de l'Uele* ou « Région du Nord », s'étendant du confluent de l'Uele-Bomu au Nil et limitée au Sud par le bassin de l'Aruwimi.

11. La *Région de l'Est*, allant du Lualaba au Tanganika et de l'Aruwimi au Moëro.

12. La *Région du Kasai*, une de celles dont les musées et les collections particulières possèdent le plus d'objets, ce qu'il faut attribuer à l'aspect souvent artistique de ceux-ci, à leur grande variété et à la quantité que l'on en peut recueillir chez les industrieuses populations de Kasai et de Sankuru.

En réalité cette division en régions correspond aux divisions administratives de l'État ; il est compréhensible que la délimitation des districts a été faite de manière à satisfaire aux conditions physiques : hydrographiques et orographiques du pays et à conserver autant que possible l'homogénéité ethnique des populations attribuées à chaque commandement politique. Il en résulte que, pour le moment, la répartition adoptée s'accommode assez bien aux conditions scientifiques et peut suffire comme premier classement.

Nous avons ensuite dans chaque région divisé les objets en douze groupes, adoptant la classification qui nous a été communiquée en 1895 par M. Serrurier, directeur à cette époque du musée ethnographique des Pays-Bas, et c'est en suivant l'ordre de ces groupes que nous décrivons les collections en nous efforçant de séparer ceux-ci, tant pour le texte que pour les planches, de manière à avoir, lorsque notre tâche sera achevée, les documents disposés de telle façon qu'il suffira de réunir les mêmes groupes des différentes régions pour se livrer aux études d'ethnographie comparée et reconstituer l'histoire complète de chaque espèce d'objet utilisé par les peuplades du bassin du Congo.

Ces douze groupes concernent :

    I. — Aliments et boissons ; (excitants).
    II. — Habillement ; (vêtements, bijoux, accessoires de toilette).
    III. — Habitation ; (mobilier).
    IV. — Chasse et Pêche.
    V. — Culture.
    VI. — Navigation.
    VII. — Commerce ; (transports, monnaies).
    VIII. — Industrie.
    IX. — Guerre.
    X. — État de société.
    XI. — Arts.
    XII. — Religion.

En suivant à la fois la classification par régions et par groupes, voici le tableau synoptique dressé par M. Coart, secrétaire du Musée, qui s'occupe avec un zèle et une intelligence dont nous lui sommes vivement reconnaissant de nous aider dans l'édification du catalogue des collections de l'État du Congo.

TABLEAU SYNOPTIQUE DES OBJETS ETHNOGRAPHIQUES DU MUSÉE DU CONGO

	ALIMENTS ET BOISSONS.	HABILLEMENT.	HABITATION.	CHASSE ET PÊCHE.	CULTURE.	NAVIGATION.	COMMERCE.	INDUSTRIE.	GUERRE.	ÉTAT DE SOCIÉTÉ.	ARTS.	RELIGION.	TOTAUX
	I	II	III	IV	V	VI	VII	VIII	IX	X	XI	XII	
1. Région Maritime	369	117	138	4	5	9	1	44	2	»	50	84	823
2. Région des Cataractes. . . .	156	59	31	16	3	»	1	31	13	»	27	27	364
3. Région du Stanley-Pool . . .	100	90	13	17	1	»	2	20	69	»	19	39	370
4. Région du Kwango	7	6	5	21	»	1	2	2	5	3	5	18	75
5. Région du lac Léopold II. . .	5	21	»	5	2	»	»	»	117	»	4	2	156
6. Région de l'Équateur	60	64	18	11	12	3	8	25	208	»	24	3	436
7. Région des Bangala	54	105	27	19	16	5	23	17	277	»	39	10	592
8. Région de l'Aruwimi	81	121	33	38	5	24	78	74	416	1	65	12	948
9. Région du Haut-Ubangi . . .	21	117	29	13	10	3	21	29	496	1	39	10	789
10. Région de l'Uele	117	216	25	129	10	»	18	6	463	2	49	13	1048
11. Région de l'Est.	39	44	35	25	15	9	5	2	207	»	21	18	420
12. Région du Kasai	330	221	72	7	15	2	21	14	735	2	67	91	1577
TOTAUX	1339	1181	426	305	94	56	180	264	3008	9	400	327	7598

N. B. — Ces chiffres sont approximatifs, surtout au point de vue de la répartition des objets par groupe, sauf en ce qui concerne les régions Maritime, des Cataractes, du Stanley-Pool, du Kwango et de l'Equateur qui sont définitivement classées. Ils résultent d'une classification provisoire faite en 1893-96; actuellement nous nous occupons de la classification définitive.

Outre les 7,598 objets, complétement différents des collections, il existe beaucoup de doubles (1).

L'examen de ce tableau synoptique suggère immédiatement certaines remarques :

Ainsi qu'il fallait s'y attendre c'est la Région du Kasai qui tient la tête avec 1,577 objets; le Kwango où depuis longtemps le blanc a pénétré devait être le moins riche, les naturels se contentent d'utiliser les objets importés pour la plupart de leurs besoins.

Il est vrai que la même remarque peut se faire pour la Région Maritime; seulement par suite des facilités de transport il a été envoyé du Congo une série

(1) Incidemment le Musée possède des objets originaires d'autres parties de l'Afrique, notamment une collection assez importante venant de la région Est du Tanganika et des objets arabes.

très complète, comprenant presque toutes les variétés de poteries, de calebasses, de vanneries.

Les groupes I, II et IX sont les plus fournis; se nourrir et faire la guerre n'est-ce pas la caractéristique de la vie des primitifs? Le groupe II est plus riche par les bijoux que par les vêtements proprement dits. Enfin il est bon de faire observer que nous avons placé dans le groupe IX les armes pouvant servir indifféremment à la chasse et à la guerre.

Le groupe X, État de société, n'enregistre que 9 pièces; c'est qu'en réalité la plupart des objets d'un caractère si spécial trouvent temporairement place dans les autres groupes, exemple : les insignes de commandement qui peuvent être une canne mieux sculptée, un bonnet de peau réservé aux chefs, un collier de dents ou de griffes de fauve, un couteau ou une hâche très ornés ou en cuivre, etc., autant de pièces classées dans les groupes du vêtement ou de la guerre, parfois faute de renseignements précis et souvent pour obtenir plus d'homogénéité dans la répartition des objets.

Avant de passer à l'étude des objets du musée, but principal de cette série des *Annales*, il nous reste à citer les noms des fonctionnaires et agents de l'État qui ont contribué, à la demande du gouvernement, à la formation de ces collections, ainsi qu'aux donateurs qui, par la suite, ont tenu à honneur d'offrir tout ou une partie de ce qu'ils possédaient à l'institution naissante.

Nous avons déjà mentionné plus haut le don de la Société anonyme belge pour le commerce et l'industrie du Congo, de la belle collection réunie pour son compte en 1889-90 et 91 par M. F. De Meuse.

Citons encore :

Région Maritime : M. E. Bolle, M. le Dr Etienne, M. Van den Plas et parmi les donateurs : MM. Goffin et L. De Pauw.

Région des Cataractes : le C^t Van Dorpe, les L^{ts} Vereycken, Stevelinck, Le Clément de St-Marcq, M. Van Bellinghen et comme donateur le C^t Weyns.

Région du Stanley-Pool : le Lt Costermans.

Le musée possède en outre de cette région d'intéressants objets rapportés par M. Cloetens.

Région du Kwango : MM. Lerman et Deghilage.

Région de l'Équateur : le L^t Ch. Lemaire et M. Steenbeke.

Région des Bangala : le C^{ne} Hanolet et M. Lothaire.

Région de l'Aruwimi : le C^t Chaltin et le L^t De Keyser; le C^t Chaltin a en outre fait don à l'État de la collection si complète qu'il avait rapportée, en 1894, de Bazoko. M. Orval a fait don également de quelques objets.

Région du Lac Léopold II : le C^t Jacques.

Région du Haut-Ubangi : le C^{ne} Georges Lemarinel, le C^{ne} Hanolet, les L^{ts} Heymans, Tonneau et M. Delava; nous avons nous-même rapporté du Haut-Ubangi une collection très complète que nous nous sommes fait un devoir de joindre à celles de l'État.

Région du Nord : le C^t Bovy, les C^{nes} A. Fiévez et Hecq; les L^{ts} Verstraeten et Kinet; M. Vanderslyen.

Le C^ne de la Kéthulle a fait un don de la plus haute valeur d'autant plus qu'il concerne une région aujourd'hui occupée par la France et M. Christiaens nous a laissé choisir dans sa collection quelques objets intéressants. Enfin le C^ne Hanolet, rentrant prochainement en Europe, de son séjour au Haut-Nil, rapporte une collection de cette région destinée au musée du Congo.

Région de l'Est : le C^ne Malfeyt, le Lt Debergh et M. Ducoulombier.

MM. Middag et Coart ont offert quelques objets de l'Urua dont le musée possède de bonnes pièces, provenant de M. Lemery.

Région du Kasai : le C^t Paul Lemarinel, MM. Sandrart et Cerckel.

Outre les objets très nombreux réunis ainsi, le musée s'est enrichi de très belles collections du Kasai, offertes par M. Van Laere et d'autres provenant de la succession Parminter et de M. Cloetens.

Nous nous sommes efforcé de rendre cette liste aussi complète que possible, regrettant les omissions involontaires qui ont pu s'y produire et que nous nous empresserons de combler si des renseignements nous parviennent par la suite.

RÉGION MARITIME

Les objets que nous avons admis à figurer dans cette région proviennent des populations habitant le versant oriental des Monts de cristal, depuis l'estuaire du Congo jusqu'aux frontières nord des provinces maritimes, soit le Shiloango. Au point de vue ethnique cette délimitation est tout à fait illusoire, et si l'on envisage l'origine des objets, c'est-à-dire les endroits où ils sont fabriqués, il faut comprendre la partie septentrionale de la province portugaise d'Angola vers le sud et vers le nord le bassin du Niari-Kuilu.

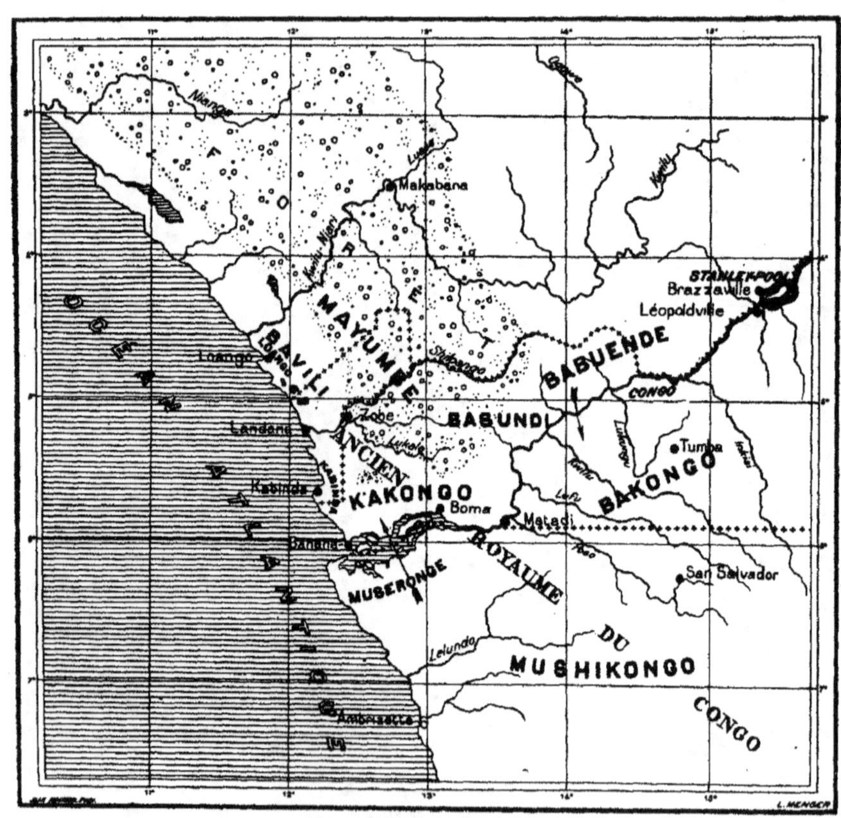

Les populations du Bas-Congo.

Toutes les tribus qui vivent entre le Congo et le Kuilu sont si semblables qu'il est imprudent de tenter leur classification (1); Reclus les classe sous le nom de Bafiote et en fait les intermédiaires ethniques entre les populations du Gabon et du Congo. Nous les diviserons en deux fractions principales : les riverains de la côte proprement dite et des estuaires et les habitants des forêts; parmi les premiers il faut citer dans le territoire de l'État : les Museronge, les Kakongo et les Bavili et plus au nord les Kabinda et les Loango, tous anciens tributaires du Roi du Congo; parmi les seconds les Mayumbe, sylvains de la forêt du Gabon-Mayumbe qui s'étend de la Lukula, affluent du Shiloango, jusqu'à l'Équateur.

Ces populations correspondent aux Pongue et Bakale du Gabon lesquelles ont donné lieu aux mêmes remarques générales (2).

Par leur voisinage de l'Océan, les riverains sont depuis des siècles en contact avec les blancs et il en est résulté chez eux, sinon une assimilation des mœurs civilisées, au moins une imitation de celles-ci et surtout une modification dans la vie matérielle.

Les habitants de la forêt ont été préservés des influences directes extérieures, ils sont restés plus farouches et plus sauvages, mais en revanche ils ont conservé la nature saine et vigoureuse des primitifs.

L'action résultant de la présence du blanc et surtout des marchandises d'importation qu'il introduit avec lui, ressort d'une façon saisissante de l'examen des objets ethnographiques originaires de la contrée et en préface à la description détaillée de ces objets nous pouvons déjà faire ressortir les points suivants :

Les transactions commerciales constantes chez une population dense ont provoqué un mouvement maraîcher actif, d'où la fabrication de récipients de toutes natures, pots et paniers, nécessaires au transport des denrées et marchandises, récipients que les factoriens ne trouvaient aucun avantage à faire venir de l'extérieur. Il faut remarquer que les habitants de l'Afrique intertropicale n'ayant pas de gros bétail ont dû s'appliquer à faire des récipients en terre et vannerie pour remplacer les outres et sacs en peau.

Absorbés par le commerce, les hommes, surtout ceux de la plaine, ont abandonné la chasse et la pêche tandis que les femmes continuaient à cultiver la terre.

Dans ces dernières années, le nombre sans cesse croissant de voyageurs touchant à la côte d'Afrique a donné à certaines industries l'occasion de se développer pour satisfaire à la demande des amateurs de curiosités; c'est ainsi que les vanneries, les poteries et les boisselleries, conçues d'abord pour l'usage et décorées consciencieusement afin de satisfaire le goût inné des Africains pour l'ornementation, sont devenues des

(1) Toutes ces tribus, disait L. Van de Velde en 1886, se ressemblent plus ou moins par leurs caractères physiques, physiologiques et physionomiques. La traite des nègres et les luttes intestines auxquelles elle a donné lieu ont tellement mélangé, confondu, abâtardi les races et les types de cette région, qu'il est bien difficile d'établir des distinctions. Elles sont minimes à cause de leur multiplicité.

(2) Je fus étonné, écrit Du Chaillu, 1863-1868, de l'analogie que toutes les tribus présentaient les unes avec les autres.

M. de Brazza divise toutes ces populations en deux groupes au point de vue de leurs habitudes et de leurs industries : les hommes de la brousse et ceux de la rivière. Ces derniers se croient les plus civilisés : ce sont les fils des marchands d'esclaves et les entrepositaires de marchandises ; les premiers sont plus intelligents et moins corrompus, quoique moins policés (Reclus).

articles destinés à la vente, fabriqués à la hâte, beaucoup moins intéressants que ceux qui ont servi de modèles. Certains objets même, inspirés par les articles d'échange d'importation, en sont devenus des caricatures. C'est de tels objets que se composent en grande partie les collections de la côte d'Afrique, ils ont leur utilité scientifique au point de vue de l'évolution des races et nous avons cru utile de les étudier aussi soigneusement que les objets venant de l'intérieur du Congo, vierges de toute influence étrangère (1).

On remarque aussi dans la région maritime la rareté des armes de guerre, non pas que les luttes indigènes aient disparu (2), mais parce que chaque combattant est aujourd'hui pourvu d'armes à feu, ce qui a amené la disparition des lances, des javelots, des arcs, flèches, des haches de guerre, armures et boucliers.

Par contre les figurines servant de fétiches sont légion; nous ne pensons pas que les tribus de la côte soient plus fétichistes que les autres, mais en mettant leur aptitude à sculpter le bois au service de leurs superstitions, elles lèguent aux musées de nombreux échantillons de ces divinités de rang inférieur, divinités représentées ailleurs par une herbe, un fruit, un sachet de terre que les explorateurs ne sauraient songer à collectionner.

Telles sont les observations d'ensemble auxquelles donnent lieu les collections de cette première région étudiée. Elles viennent s'ajouter aux remarques particulières que nous ferons pour chaque groupe et même pour chaque catégorie d'objets.

(1) Depuis quinze ans que les blancs sont établis à l'intérieur du pays, le fait que nous venons de signaler pour la côte d'Afrique s'y constate déjà, et beaucoup d'objets notamment des armes : lances, couteaux et haches, sont forgés dans le but de les écouler dans les stations.

(2) Nous ferons observer que pour l'étude des collections ethnographiques nous nous sommes reporté autant que possible au début de l'occupation ; depuis lors les conditions se sont extraordinairement modifiées.

RÉPARTITION DES COLLECTIONS ETHNOGRAPHIQUES DE LA RÉGION MARITIME

Groupes	DÉSIGNATION	Nombre	OBSERVATIONS
I	Poteries	157	y compris 5 couvercles à pot en terre cuite.
	Pipes	24	
	Boisselleries	51	
	Calebasses	44	
	Vanneries	92	
	Objet en écorce cousue	1	
II	Pagnes	11	
	Pèlerines	5	
	Bonnets et Casque	52	
	Ceintures	3	
	Bracelets, Colliers, Breloques	27	
	Peignes et Épingles à cheveux	7	
	Sacs de porteurs	4	
	Cannes	8	
III	Montant de chimbeck	1	
	Montants de porte	3	
	Porte de hutte	1	
	Falot	1	
	Balai	1	
	Hamacs	2	
	Nattes	129	
IV	Nasses et Cages	4	
V	Instruments divers	5	
VI	Pagaies	8	
	Petite pirogue	1	il y a en outre 21 grandes pirogues
VII	Mutete	1	
VIII	Outils	5	
	Soufflets de forge et tuyères	5	
	Matières premières pour le tissage	8	
	Métiers à tisser	3	
	Spécimens de tissus	19	
	Travaux commencés	4	
IX	Poires à poudre	2	
X	Néant		
XI	Instruments de musique	40	
	Dents sculptées	10	
XII	Fétiches, Amulettes, Masques, Matériels de féticheurs	84	
		823	

RÉGION MARITIME

GROUPE I

Aliments et Boissons, Excitants.

Poteries.

L'art du potier est fort répandu au Congo comme dans toute l'Afrique, mais il est loin d'avoir atteint partout le même degré de perfection; certaines populations de l'intérieur, notamment les Bazoko (1) et les Baloi du Bas-Ubangi, produisent des vases en terre cuite remarquables, entre autres des pots géminés, et les poteries des Bazoko sont même vernissées. Par contre les peuplades des régions du Kasai, pourtant si industrieuses, n'ont que des poteries grossières.

Le musée possède une importante collection de poteries de la région maritime ne comprenant pas moins de 48 types caractéristiques, représentés par 152 spécimens. La forme varie de la simple écuelle à la gargoulette élancée, en passant par tous les vases et récipients utilisables pour les usages culinaires (2). L'ornementation sort rarement de la gamme des dessins linéaires gravés à la pointe : pointillé, rectiligne ou curviligne; elle est plus brutale dans l'intérieur du pays qu'à la côte et au long du fleuve.

La terre est souvent friable, les objets peu solides, il est vrai que leur épaisseur est faible, à de rares exceptions près.

La couleur intérieure, après cuisson, est blanc jaunâtre, gris, noir (3) ou rouge brique; avant cuisson elle est parfois rougeâtre comme le sol ferrugineux du pays. Les teintes rouges et noires, blanches et rouges, etc., sont généralement combinées en couches successives, aussi ne peut-il être fait de classification que sur l'aspect extérieur.

La surface est claire et rugueuse comme dans les types 191, 201, 274, 202, pl. I; ou claire et marbrée : types 210, 229, pl. I et 284, 288, 307, pl. III. Les poteries claires et rugueuses sont à l'intérieur blanches et mêlées de fins graviers. Les poteries marbrées ont l'intérieur plutôt clair, mais il est parfois rouge; en ce cas la teinte rouge perce l'enduit extérieur et donne un fond rosé. La marbrure

---

(1) Ces poteries attribuées aux Bazoko viennent peut-être du Lac Albert Édouard, des Wawamba ou des Waholi. (Voir à ce sujet Stuhlmann, p. 640).

(2) Il existe des poteries, véritable chaudrons, ayant jusque un mètre de diamètre, mais le musée n'en possède pas de spécimen.

(3) La teinte noire est peut-être due à la présence de matières organiques dans l'argile. Des voyageurs prétendraient que ces matières organiques brûlent lorsque le vase est mis au feu et contribuent ainsi à assurer la cuisson de la pâte. Les poteries archaïques de l'Egypte étaient noircies par l'addition de manganèse dans la pâte.

ressort en brun sur fond mastic, gris ou rosé; ce fond est obtenu par un enduit et la marbrure semble produite en projetant à un moment donné sur le vase une pluie de matière teintée ; elle est donc une décoration de l'objet et non un accident de la pâte.

Souvent l'aspect extérieur des poteries est rouge, soit intact, soit noirci; le type 273 pl. II montre un vase où ces deux aspects sont combinés; comme on le remarquera les poteries d'un rouge brique franc viennent presque toutes de Banana et leurs formes sont souvent inspirées de la forme des objets d'importation.

Les terres, rouges à l'extérieur, sont à l'intérieur rouges, grises ou même noires.

Plus rarement la terre reste toute noire, tel est le cas le plus fréquent pour les poteries du Mayumbe, enfin elle peut être jaune comme dans le type 335 pl. IV et dans les ornements de diverses gargoulettes de la même planche.

Ce sont les femmes et parfois les hommes qui se consacrent à la fabrication de la poterie; cette industrie, comme toutes les industries indigènes, est réservée à la classe moyenne « Muela Bungo » (Destrain); on trouve des potiers un peu partout, Bastian en a signalé chez les Bakanja (Ogowe) et les Kakongo, il en existe dans tous les villages au nord du Congo entre Banana et Matadi. « Aux villages Yolo (1), écrit Cabra, les habitants se livrent à la fabrication des poteries sur une échelle assez grande. »

Voici d'après M. Goffin, qui a voyagé fréquemment dans la région, comment les indigènes procèdent :

La terre, soigneusement choisie et provenant parfois d'un endroit très éloigné, est pétrie par les hommes et reste séjourner dans les fosses durant plusieurs mois; elle est alors reprise par les potiers, souvent des femmes, comme nous le disions, et mise en œuvre ; les vases sont modelés sur des planchettes pivotantes servant de tour (2), la forme est donnée à l'aide de grossiers gabaris en bois et comme outil on se sert surtout de la main. Les gargoulettes sont faites en deux parties parfois même en trois si le col est élancé, ces parties sont ensuite soudées l'une

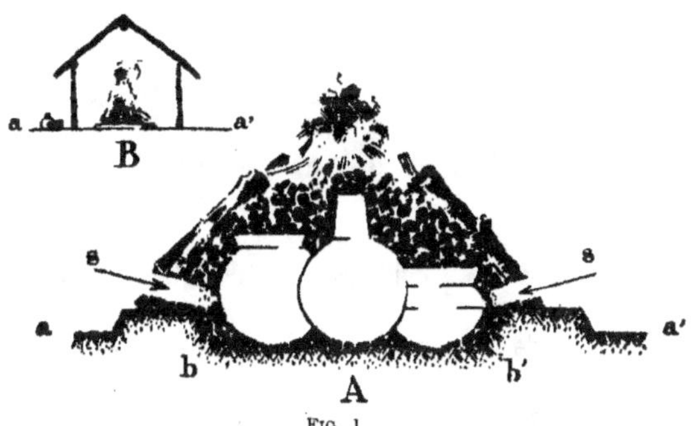

FIG. 1.

A. Four à cuire les poteries. — B. Abri pour l'installation du potier.

à l'autre. L'objet achevé et décoré est mis à sécher à l'ombre, puis on procède à la cuisson. Sur une aire préparée *bb'* (fig. 1, A), bordée d'un petit talus, sont disposés

(1) Ces villages Yolo se trouvent au nord de Boma, à mi-chemin du Mayumbe.

(2) Des auteurs disent que ce tour n'est pas employé. Nous avons vu à Anvers en 1894 un potier Bakongo qui l'utilisait, et d'un autre côté il serait presque impossible d'arriver à la perfection de la forme constatée sans moyen mécanique. Les Égyptiens avant les Pharaons connaissaient déjà l'usage du tour.

de six à douze pots et gargoulettes préalablement bourrés de poudre de charbon de bois; ils sont alors ensevelis sous un cône du même combustible, mais non concassé; puis le cône est recouvert de fagots; on met le feu et pour l'activer des noirs soufflent dans des ouvertures S ménagées tout autour du bucher. La combustion dure deux à quatre jours et l'opération est achevée (1).

Dans presque tous les villages où nous passions, nous disait M. Goffin, l'on voyait ainsi des installations de potiers établies sous un petit auvent (fig. 1, B) et toujours nombre de curieux contemplaient les travailleurs, soit modelant leurs vases, soit surveillant le brasier avec la conscience et la lenteur coutumière des travailleurs indigènes.

M. De Keyzer a vu des potiers à l'ouvrage chez les Kakongo et dans le Shiloango à Shimbanga.

L'usage de toutes ces poteries est connu : les pots à frire servent surtout à la cuisine; les vases et les jarres sont destinés à contenir de l'eau, du vin de palme, de l'huile, etc.

Décrivons successivement les poteries appartenant au musée; cette description suit l'ordre des planches I, II, III et IV annexées et constitue en réalité l'explication de celles-ci.

PLANCHE I

191 — Écuelle en terre claire, rugueuse; forme calotte; la tranche du bord est noircie. Échelle 1/5.
Le musée possède 3 spécimens dont le diamètre varie de 0,10 à 0,12 (2).
Provenance : Boma.

194 — Pot en terre claire, un peu marbré; travail grossier. Échelle 1/5.
7 spécimens dont le diamètre varie de 0,04 à 0,09.
Ces poteries et les précédentes servent sans doute aux préparations médicinales.
Proviennent de Boma et de Banana.

201 — Pot en terre claire, rugueuse; col large à étranglement nettement coudé, fond rond. Échelle 1/5.
6 spécimens dont le diamètre varie de 0,10 à 0,29.
Proviennent de Boma et Banana.
Un pot non représenté, catalogué 209, est semblable au précédent, mais le bord est aminci et le fond aplati. Diamètre 0,09.
Provenance : Boma et Banana.

202 — Même pot que le type 201 mais avec panse coudée. Échelle 1/5.
2 spécimens de 0,13 et 0,26 de diamètre.

(1) Selon M. Weber, les indigènes emploient aussi des fours creusés dans le sol et couverts d'une voûte d'argile battue.
(2) Toutes les dimensions sont indiquées en mètres.

274 — Vase en terre claire, rugueuse. Col moyen à étranglement nettement coudé, corps sphérique. Échelle 1/5.

Ce même pot se trouve entre les mains des naturels habitant les rives du Stanley-Pool ; il est du reste certain que les poteries que nous venons de décrire et nombre des suivantes sont d'un usage courant depuis le Stanley-Pool jusqu'à l'Océan.

210 — Pot en terre marbrée ; col large à étranglement nettement coudé, fond rond légèrement proéminent. Échelle 1/5.

8 spécimens de diamètre variant de 0,11 à 0,19.

Il existe aussi 11 pots de nature et de forme identiques, de diamètre variant de 0,09 à 0,20, mais ornés de dessins à la base du col. Ces dessins formés de pointillés et de lignes grossièrement gravés se résument en 3 types représentés aux *218, 227, 220.*

Provenance : Boma et Banana.

229 — Pot en terre marbrée ; col large et haut à étranglement nettement coudé, panse légèrement coudée, fond rond. Échelle 1/5.

4 spécimens de diamètre variant entre 0,13 et 0,14 et ornés à la partie supérieure de la panse de dessins grossièrement gravés représentés aux *229, 230, 231, 232.*

Provenance : Boma et Banana.

262 — Pot à frire en terre grise ; col large, évasé, à étranglement arrondi, fond rond ; orné de dessins grossièrement gravés et de trois petites masses appliquées. Échelle 1/5.

Provenance : Boma et Banana.

233 — Pot à frire en terre rouge, rugueuse ; col large, bas et évasé, fond rond. Échelle 1/5.

12 spécimens, de diamètre variant entre 0,18 et 0,25, ornés de ~~dessins~~ gravés dont les types caractéristiques sont représentés aux *236, 256, 234, 237, 242, 244, 235, 240, 241.*

247 — Pot à frire en terre rouge noircie ; col haut à étranglement légèrement coudé, panse coudée, fond rond ; orné de bandes de dessins grossiers gravés et de reliefs. Échelle 1/5.

245, 248, 246 sont pareils, sauf la décoration, les diamètres varient de 0,15 à 0,16.

Se trouvent à Banana, Boma et jusqu'au Stanley-Pool.

243 — Pot à frire en terre rougeâtre, parsemé de taches noires irrégulières ; épais, col large, fond rond ; orné de lignes gravées, le fond est strié en tous sens, trace de l'outil qui a servi à sa fabrication. Échelle 1/5.

Provenance : Boma et Banana.

Le même genre de poterie caractéristique par ses stries se trouve dans le Bas-Ubangi ; unique dans la collection de la région maritime, il pourrait provenir d'amont.

261 — Pot à frire en terre rouge en partie noircie ; col large à étranglement un peu arrondi, fond rond. Échelle 1/5.

4 spécimens ornés de bandes de dessins gravés et de reliefs, dont les diamètres varient de 0,13 à 0,21 et dont les types sont reproduits aux *261*, *253*, *254*.

Provenance : Boma et Banana.

PLANCHE II

249 — Pot à frire en terre brune ou rouge tachée de noir ; col large à étranglement nettement coudé, panse coudée, fond rond. Échelle 1/5.

8 spécimens de diamètre variant de 0,13 à 0,28, ornés de dessins linéaires légèrement gravés. Les parties serties de traits formant des bandes en V et en U sont parfois rendues brillantes au moyen d'un enduit.

Les types de dessins sont représentés aux *249*, *250*, *252*, *258*, *260*.

Provenance : Boma et Banana.

263 — Jarre en terre rouge. La partie supérieure est lissée mais non brillante ; col large, panse à deux coudes, pied creux évasé ; orné de moulures et muni d'oreilles massives. Échelle 1/7.

Provenance : Banana.

Cette jarre et les nombreuses poteries rouge franc qui vont suivre, sont d'un travail soigné ; elles proviennent de Banana et sans doute elles sont fabriquées près de cette localité, au nord-est, par les Kakongo (De Keyser).

264 — Jarre en terre rouge lissée à sa partie supérieure ; ouverture large, sans col, pied creux ; garni comme le précédent de moulures et muni d'oreilles massives ; orné de grossières lignes brun-noir en zig-zag. Échelle 1/7.

Provenance : Banana.

Au musée de la Porte de Hal on voit une jarre plus petite de forme et d'aspect similaire mais moins bien construite, étiquetée comme venant des Basongo-Meno (rive droite du Sankuru).

265 — Vase en terre rouge, lissée à sa partie supérieure ; col moyen à étranglement arrondi, fond plat ; bariolé de lignes brun-noir. Échelle 1/5.

Provenance : Banana.

268 — Pot en terre noircie ; avec couvercle, forme soupière, muni de deux oreilles et de deux boutons ; orné de dessins gravés. Échelle 1/5.

Les deux spécimens existants sont peu différents.

Se trouvent à Boma, Banana et dans le Mayumbe.

266 — Pot en terre noircie; avec couvercle, forme soupière; orné de dessins gravés et de moulures, fond serti de traits polis comme dans le type 249. Le bouton du couvercle représente une tête d'animal, les oreilles du pot sont torses. Échelle 1/5.

2 spécimens.

270 — Pot en terre rouge; partie supérieure lissée ; col large à étranglement arrondi, fond rond, oreilles grossièrement tordues; orné de traits gravés et bariolé de lignes brunes. Échelle 1/5.

Provenance : Mayumbe.

271 — Vase en terre rouge; partie supérieure lissée ; col moyen presque cylindrique, panse légèrement coudée, fond plat; orné de traits gravés, bariolé de lignes brunes quadrillées. Échelle 1/5.

Provenance : Banana.

273 — Vase du même modèle que 271; le col est lissé et rouge brique franc, la partie inférieure non lissée est noircie. Échelle 1/5.

3 spécimens garnis de reliefs représentant soit des serpents, soit, comme dans le type figuré, des ornements divers.

Provenance : Banana.

PLANCHE III

277 et *282* — Pots en terre rouge; la partie supérieure est parfois lissée, certains spécimens sont complètement noircis, d'autres ont le fond serti rendu brillant comme au type 249; col étroit, panse coudée, fond plat. Échelle 1/5.

9 spécimens dont les diamètres varient de 0,18 à 0,38, ornés de dessins parfois noircis dont les types sont représentés aux *277, 279, 278, 282, 283*. Le 279, figuré en développement, montre un serpent entourant la partie supérieure de la panse.

Provenance : Boma et Banana.

284 — Pot en terre marbrée; sphérique avec col étroit et court. Échelle 1/5.

4 spécimens dont les diamètres varient de 0,20 à 0,32; certains ont le fond plat et certains ont la naissance du col ornée de pointillés, comme les vases du type 210.

Provenance : Boma et Banana.

288 — Pot en terre marbrée; panse coudée, fond plat, col étroit. Échelle 1/5.

2 spécimens dont l'un est orné à la naissance du col de lignes de pointillés.

Provenance : Boma.

307 — Pot en terre marbrée; sphérique, à col étroit et allongé. Échelle 1/5.

4 spécimens dont les 3 derniers à fond légèrement aplati. Tous sont ornés de lignes gravées et de pointillés divers.

Provenance : Boma.

294 — Pot en terre rouge; la partie supérieure est lissée; col étroit et un peu allongé, panse coudée, fond plat. Échelle 1/5.

5 spécimens de diamètre variant de 0,13 à 0,18, ornés de dessins gravés et de moulures, grossièrement noircis et bariolés de lignes brunes. Les plus caractéristiques sont représentés aux *294, 292, 295.*

Provenance : Banana.

302 — Pot en terre rouge; comme d'ordinaire le fond n'est pas lissé; col étroit et allongé, panse doublement coudée, fond plat; orné de lignes gravées et bariolé de lignes brunes. Échelle 1/5.

Un second spécimen numéroté 321, non représenté, porte en plus au-dessus de la panse un relief figurant un serpent.

Provenance : Banana.

296 — Pot en terre rouge; col étroit et court, panse coudée, fond plat. Échelle 1/5.

7 spécimens de diamètre variant de 0,19 à 0,22; ornés de dessins gravés et de bariolages représentés aux *296, 298, 299.*

Provenance : Banana.

303 — Pot en terre rouge-brun noircie, lissé; pyriforme avec pied et col évasé; orné d'un dessin gravé représentant une branche avec feuilles. Échelle 1/5.

Deux spécimens. Provenance : Banana.

PLANCHE IV

309 — Pot en terre rouge, d'un type voisin du 302, mais avec col plus étroit; muni de deux oreilles torses; une large rainure entoure la panse à hauteur de ses oreilles; orné de dessins gravés. Échelle 1/5.

Provenance : Banana.

310 — Pot en terre rouge à triple ouverture; muni d'une anse à la partie supérieure; ornements gravés et lignes noires bariolées. Échelle 1/5.

Provenance : Banana.

Cette forme, que l'on retrouve dans le midi de l'Europe et dans le nord de l'Afrique, a été vraisemblablement importée; elle rappelle la « Morinka » vase à eau de Bahia (Musée de la Porte de Hal).

Ajoutons ici un pot, représenté à la fig. 2 ci-contre, à l'échelle de 1/7, muni d'une seule anse; il est en terre rouge non lissée, bariolé de dessins noirs et orné de rosaces gravées grossièrement.

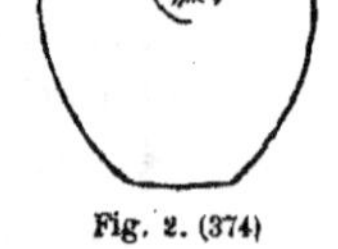

Fig. 2. (374)

313 — Gargoulette en terre noircie; corps sphérique légèrement aplati, col mince et allongé. Échelle 1/5.

4 spécimens figurés aux *313, 311, 312, 314*; ornés de dessins profondément

gravés, formant des moulures et chapelets de pois. Les diamètres varient de 0,17 à 0,24.

Provenance : Mayumbe.

Ce genre est caractéristique de la région du Mayumbe, tandis que la plupart des autres sont de fabrication Kakongo. — Les Museronge ne font que des poteries très grossières.

315 — Gargoulette en terre rouge enduite ; avec pied, moulure ; bouchon en terre jaune. Échelle 1/5.

Provenance : Banana.

Les numéros 316 et 317, non figurés, sont des gargoulettes similaires de même origine.

318 — Gargoulette semblable au 315; ornée de deux clous d'importation à tête dorée; bouchon forme croissant, en terre jaune. Échelle 1/5.

3 spécimens dont deux sont ornés de dessins gravés et teintés en noir. Le *320* figure l'une de ces décorations.

Provenance : Banana.

322 — Gargoulette en terre rouge de la forme des pots 294, mais plus élancée; ornée de dessins gravés et noircis et bariolée de lignes noires; la moitié supérieure est partiellement enduite. Échelle 1/5.

Provenance : Banana.

325 — Gargoulette en terre rouge; partie inférieure et bandes horizontales non enduites et noircies; col à renflement. Échelle 1/5.

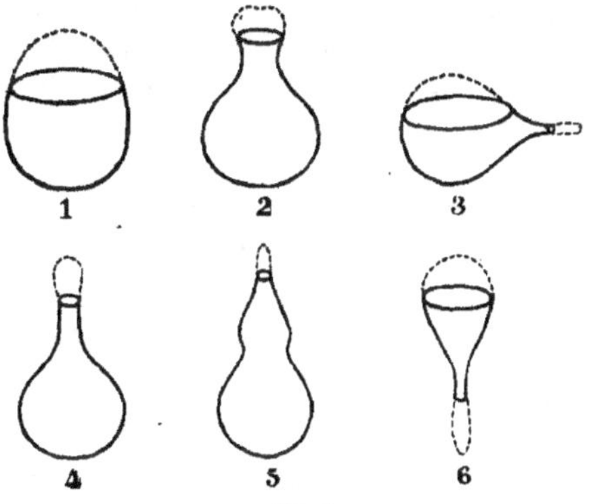

FIG. 3.
Ustensiles divers tirés de la calebasse.
1, 2, pots ; 3, écuelle avec bec ; 4, 5, gargoulettes ; 6, entonnoir.

7 spécimens ornés de dessins gravés et parfois bariolés de lignes noires; deux d'entre eux, 328 et 372 non figurés, sont munis de deux petites anses.

Provenance : Banana.

La silhouette de ces gargoulettes est inspirée de la structure de certaines calebasses. C'est un cas intéressant l'origine de la forme chez les primitifs; il est probable en effet que les sauvages ont employé comme premier récipient les coques des cucurbitacées, si abondantes dans les contrées chaudes. Après découverte de la propriété qu'a l'argile de s'agglomérer par la cuisson, ils n'ont pas tardé à fabriquer des vases en terre cuite dont les modèles ont nécessairement été pris sur les objets qu'ils avaient en leur possession. La calebasse, selon la façon dont on la sectionne, fig. 3, donne l'écuelle, le pot avec ou sans col, 1 et 2, le pot avec bec, 3, la gargoulette, 4 et 5, même l'entonnoir, 6 (1).

Dans de nombreux cas c'est à ces circonstances que l'on doit l'analogie constatée entre les objets de population fort éloignées les unes des autres, et ce fait explique peut-être comment Frobenius, dans son bel ouvrage sur *l'Origine de la civilisation,* en est conduit à comparer les poteries et autres pièces ethnographiques de l'Afrique occidentale à celle de la Mélanésie.

329 — Gargoulette en terre rouge; col à plusieurs renflements; bouchon en terre jaune; ornée de dessins gravés. Échelle 1/5.
Provenance : Banana.
Cette forme est dérivée de la précédente.

330 — Gargoulette en terre rouge; munie de deux anses coudées prenant naissance au col; bouchon en terre jaune représentant une tête. Échelle 1/5.
Provenance : Banana.

323 — Gargoulette en terre rouge noircie ; forme du *325* atténué; ornée de dessins gravés et de boutons. Échelle 1/5.
Provenance : Banana.
Un spécimen, qui se trouve au musée de la Porte de Hal, est signalé comme poterie de Manyanga.

331, 332, 333, 334 — Gargoulettes de fantaisie, provenant de Banana.
Ces objets n'ont guère d'intérêt ethnographique, mais sont de curieux spécimens de l'habileté de la main-d'œuvre des noirs et font ressortir l'esprit d'observation des naïfs industriels qui les ont confectionnés; il faut remarquer l'étrange similitude de certaines de ces poteries avec les poteries péruviennes.

335 — Pot en terre claire et fine, ressemblant curieusement à certains potiquets en grès de nos pays; orné de dessins gravés et noircis figurés aux *335, 336, 337, 338.* Échelle 1/5.
Provenance : Mayumbe.

PLANCHE V

357, 358, 359 — Couvercles de pots en terre cuite. Échelle 1/7.
Le musée en possède 5 spécimens; quatre représentent un oiseau à une ou deux têtes; l'autre un chien.
Ils servent à couvrir les pots des modèles figurés principalement à la planche III.

----

(1) Nous avons eu l'occasion à ce sujet d'écrire une note sur l'origine des « dessins d'ornementation chez les primitifs » dans la *Belgique coloniale* du 26 septembre 1897, question sur laquelle nous aurons l'occasion de revenir à diverses reprises.

Pipes.

Sur la même planche V sont représentées des pipes aux numéros *343, 340, 361, 362, 351, 352*, à l'échelle de 1/3.

Ces objets sont des types choisis parmi 22 spécimens tous différents comme détail, mais analogues dans leur ensemble.

Ces pipes, inspirées des modèles d'importation, à moins que nos pipes n'aient été la copie des premières pipes indigènes, sont en usage dans tout le Bas et le Moyen-Congo. A Boma et dans les environs on peut les acheter en quantité, sur les marchés de Kakongo elles donnent lieu à un grand trafic. Les têtes, en terre très fine, d'un aspect noir brillant, noir jaunâtre ou rougeâtre, sont généralement de fabrication extrêmement soignée. Le tuyau est en bois sculpté et tourné, long de 0,08 à 0,59. Certains tuyaux ainsi que parfois les têtes sont en métal, mais aucun spécimen ne se trouve au musée, dans la région maritime. Par contre nous les verrons en abondance en nous approchant du Stanley-Pool.

M. l'ingénieur Diderrich a rapporté du Mayumbe une pipe de modèle semblable mais de très grande dimension et creusée avec une très grande habileté dans du schiste noir.

353 — Pipe formée d'une calebasse portant un fourneau en terre.

Le musée possède en outre un fourneau sans calebasse.

Cette pipe est commune à tout le Congo. Frobenius la classe dans le type asiatique ou narghilé. Tandis que les premières, moins encombrantes, sont utilisées surtout en route, par les porteurs, dans les villages on se sert d'habitude de la pipe calebasse.

Il peut être intéressant de dire ici comment fument les indigènes : la pipe du premier modèle décrit est employée de la manière à nous connue, c'est-à-dire bourrée de tabac et fumée tout entière, ou à peu près, par la même personne. Il n'en est pas de même de la pipe calebasse, exigeant une poitrine résistante de la part de celui qui l'emploie. Elle est bourrée de tabac indigène ou plus souvent de chanvre dont la fumée est âcre et brûlante (1); le fumeur se contente de trois ou quatre aspirations et la pipe passe à la ronde en suivant l'ordre d'importance des personnes réunies. Un esclave a charge de remplir le fourneau, il pose ensuite au-dessus du tabac ou du chanvre une braise incandescente et remet l'appareil au chef qui, aspirant de toute sa puissance, tire une large bouffée; la pipe est passée au voisin qui l'attend avidement, les mains tendues, opère de même et la donne au suivant et ainsi de suite jusqu'à extinction. Les fumeurs semblent accomplir une cérémonie d'un culte, et depuis la côte jusqu'au centre du continent ils opèrent ainsi, employant le même modèle de pipe, procédant de la même façon avec la même conviction et leur placidité native que ne troublent même pas les affreuses quintes de toux causées par la fumée empestée.

L'usage de priser est surtout en honneur chez les Museronge; les gens du sud et les Cabinda préfèrent fumer le tabac.

---

(1) Le chanvre dont l'usage cause de grands ravages au sud du Congo est transporté sous forme de boulettes appelées « iamba ». Il se fume principalement le matin, à jeun (Jeannest).

Boissellerie.

Dans le groupe I nous ne faisons figurer que les objets de bois pour usages culinaires, mais lorsque nous passerons au groupe XII (Religion) nous aurons l'occasion d'examiner d'autres échantillons de sculptures indigènes. En attendant nous pourrons remarquer ici une fois de plus l'influence des objets introduits.

Il existe dans tous les villages des noirs maniant la gouge, cependant, d'après Bastian, les plus habiles sculpteurs habiteraient près du Zaïre et selon plusieurs voyageurs belges surtout à Banana et à Cabinda.

PLANCHE V (suite).

Intervertissant l'ordre de la figuration et pour faire suite aux couvercles de pots en terre, voici d'abord les couvercles de pots en bois; ils servent à recouvrir les pots à frire des modèles représentés aux planches I et II.

20 — Couvercle de pot en bois dense d'une texture ressemblant à celle du buis. Échelle 1/5.

Les ornements sculptés qui le surmontent et dont le principal sert de poignée, représente l'outillage d'une forge indigène, savoir : le soufflet à deux valves avec tuyère, un marteau, une pince en fer, une pince formée par un bâtonnet fendu en son milieu et saisissant un bracelet en fabrication, au moment où il sort du foyer.

19 — Même couvercle que 20. La poignée représente un gong double; les autres ornements sont peut-être des trompes et autres instruments de musique.

18 — Même couvercle que le 20. La poignée représente un tam-tam; parmi les autres ornements on reconnaît un arbre et deux tambours.

21 — Même couvercle que le 20. La poignée représente un mortier de bois; parmi les ornements on distingue un serpent enroulé.

24 — Couvercle de pot en bois très léger; comme poignée un simple bouton en bois différent; quelques traits gravés ornent le disque à sa partie supérieure. Échelle 1/5.

29 — Même couvercle que le 24. La poignée, sculptée dans la même pièce de bois, représente un oiseau la tête faisant face à l'arrière.

Le musée possède encore 6 couvercles similaires en bois dense ou léger, ayant en guise de poignée des saillies représentant soit une cloche, soit un coffre, soit un tambour de danse, soit un tonnelet, soit un objet indéterminable. Ils proviennent tous de Banana.

Passons à la description d'objets divers en bois sculpté.

32 — Mortier en bois blanc, massif et grossièrement taillé; muni de deux anses dissemblables. Échelle 1/4.

Provenance : Banana.

Les femmes noires se servent du mortier, que l'on retrouve partout en Afrique et dont on voit des reproductions sur les monuments égyptiens (Livingstone), pour broyer les graines, faire la « cassave » (farine de manioc), écraser la pulpe des noix du palmier élaïs, etc. Le pilon est en bois ou en ivoire.

77 — Vase hémisphérique en bois supporté par trois pieds reliés par un anneau, le tout taillé dans une seule pièce ; ornements noircis au fer rouge semblables aux ornements figurés sur certains objets de bois du Zambèze. Échelle 1/5.
Provenance : Boma.

31 — Entonnoir en bois, orné de quatre traits brûlés au fer rouge. Échelle 1/4.
Provenance : Banana.

69 — Plat en bois, circulaire, fond plat, oreilles trouées sous le marli pour passer une corde de suspension. Échelle 1/7.
Provenance : Boma.
Le musée possède aussi deux immenses plats ronds en bois de 0,90 de diamètre; l'un à fond plat, l'autre à fond arrondi; ils servent probablement à la préparation de la « chikwangue », pain de manioc.

1 — Plat en bois blanc, ovale, fortement creusé, les bouts sont échancrés et biseautés. Échelle 1/7.
Le musée possède un second exemplaire de plat ovale catalogué 2, mais non échancré ni biseauté.
Ces deux spécimens proviennent de Banana.

Il se trouve dans la collection une soupière très massive en bois blanc, numérotée 16, d'un modèle copié sur une soupière importée; les oreilles sont figurées par des têtes de crocodiles, le couvercle est surmonté d'un crocodile sculpté servant de poignée et orné de pagaies gravées croisées deux par deux; l'échancrure pour la louche n'a pas été oubliée et dans l'envoi du Congo une louche en bois était signalée comme étant appareillée avec la soupière.

15, 72, 3, 93, 91, 92 — Types choisis parmi 7 louches de 0,27 à 0,57 de longueur totale, en bois dense, de texture semblable à celle du buis et permettant un grand fini dans la sculpture.
Ces louches, qui proviennent du Mayumbe, de Banana et de Boma, sont à la fois de beaux échantillons de l'habileté des boisseliers de la région maritime du Congo et de curieuses expressions de leur imagination inventive, employées pour enlever aux modèles de notre fabrication ce qu'ils ont de par trop industriel dans la forme.
Les 6 types représentés sont à l'échelle de 1/6.

94, 4, 74, 96, 76, 75 — Cuillers à l'échelle de 1/6, de même provenance que les louches et pouvant donner lieu aux mêmes remarques. Elles sont choisies parmi 15 cuillers de 0,24 à 0,35 de longueur.

14 — Fourchette type d'une série de 6 fourchettes à quatre, trois et deux dents, plus ou moins ornées et continuant à leur tour la série des louches et cuillers, mais elles proviennent toutes de Banana. Échelle 1/6.

Le musée possède encore un mauvais vase de fantaisie copié sur un article d'importation et maladroitement orné de dessins au trait gravé et relevé de crayon.

Enfin ajoutons que les noirs de la côte se servent de la noix de coco pour se confectionner des gobelets, un objet de cette nature figure parmi les collections.

Calebasses.

L'usage des calebasses est constant au Congo; généralement elles sont utilisées comme récipients, mais revenant sur ce que nous écrivions plus haut, les indigènes de la côte notamment les Museronge, ayant depuis longtemps l'occasion de céder à bon prix aux voyageurs les calebasses qu'ils décoraient si joliment, n'ont pas tardé à fabriquer uniquement pour vendre, de là quantité de ces objets qu'ils se bornent à orner à la hâte sans se soucier de leur donner une destination quelconque. Naturellement ces articles de commerce ne sont pas aussi soignés que l'étaient les premiers modèles (1); ils méritent pourtant d'être étudiés au point de vue de la conception décorative et pour montrer l'étonnante souplesse d'imagination des artistes noirs.

Nous avons confondu les objets de fantaisie faits avec des calebasses avec les articles de ménage, quoique les premiers eussent été classés plus rationnellement dans le groupe X traitant des arts indigènes. Les mêmes circonstances sont fréquentes pour l'excellente raison que la plupart des objets fabriqués par les noirs sont ornés; les industriels primitifs faisant tous, sans s'en douter, de l'art appliqué.

Examinons successivement les différentes calebasses cataloguées :

D'abord une série de 4 récipients à eau, vin de palme, huile ou autres liquides, pyriformes ou à double renflement, de diverses dimensions, avec ou sans bouchon maintenu par une liane flexible; l'un d'eux porte une décoration de triangles très légèrement teintée. Le bouchon est fait d'une botte de fibres, du cœur d'un épi de maïs ou d'une plaquette d'écorce de courge.

PLANCHE VI

78 — Gobelet orné de dessins gravés et noircis, d'un travail très soigné. Échelle 1/2.

Le musée possède 6 autres calebasses de même genre, mais de forme et d'usage différents; les unes sont des gobelets, les autres des bouteilles. Les schémas des dessins décorant cinq de ces objets sont représentés au *79, 80, 35, 36* et *84*.

Provenance : Boma et Banana.

Au musée de la Porte de Hal des calebasses ornées de la même façon que

(1) M. De Keyser, qui a séjourné pour la première fois dans le Bas-Congo en 1886-87, constatait dix ans après une notable modification dans l'ornementation des calebasses. Les anciennes pièces sont beaucoup plus soignées et plus rares.

le 7, 8 et 79, sont renseignées comme venant du Sankuru; il est possible que ce soit là l'origine de ces objets facilement transportables, qui de mains en mains en seraient arrivés à la côte, d'autant plus que le caractère de la décoration est plutôt celui en faveur chez les Bakuba.

Tous les objets qui suivent sont pour la plupart des fantaisies; quelques-uns seulement constituent des récipients.

Ils sont avec certaines espèces de paniers uniquement fabriqués par les Museronge et souvent importés de la rive gauche du Congo, d'où ces indigènes sont originaires.

38 — Calebasse avec décoration de traits gravés et blanchis.

15 spécimens dont les dessins types sont schématisés aux *38*, *44*, *46*, *42*, *48*, *49*, *45*, *50*, *41*. Les formes sont de toutes espèces ainsi que les grandeurs, les calebasses reproduites sur la même planche et la planche VII donnent une idée des silhouettes variées que peuvent avoir ces fruits.

64, *58*, *66* — Calebasses avec décoration de traits gravés et blanchis et fonds noircis au fer rouge.

18 spécimens dont les dessins types sont schématisés aux *90*, *57*, *60*, *89*, *55*, et figurés sur les calebasses 64, 58, 66.

Même observation pour les formes et grandeurs que pour le genre précédent.

PLANCHE VII

52, *53* — Calebasses décorées également au moyen de traits blanchis et fonds noircis au fer rouge, mais ce genre est caractérisé par la reproduction d'animaux divers dessinés avec toute la naïveté des artistes indigènes. Aux *54*, *87* et *86* on voit les schémas des trois autres types des cinq calebasses de cette espèce figurant au musée.

Vannerie (plats, corbeilles et paniers).

Toujours dans le groupe I prennent place un certain nombre de vanneries qui, nous l'avons dit, ont tant de représentants dans la région maritime; d'autres vanneries : les nattes, sont classées dans le groupe III (Habitation).

Les vanneries sont représentées dans le premier groupe par 92 spécimens appartenant à divers types dont trois surtout sont caractéristiques.

C'est à Loango et à Cabinda (1), en dehors des limites de l'État, qu'habitent les vanniers les plus réputés; les Museronge ont la spécialité de certaines vanneries; la plupart des corbeilles et paniers, existant au musée, proviennent de Banana.

Le panier à tamiser la farine de manioc, en forme de bouteille ou plutôt de carafe, existe dans la région maritime, où il est représenté par un spécimen, comme dans tout le Congo occidental; il sera figuré ultérieurement.

Viennent ensuite :
Trois corbeilles originaires de la région située au sud du Stanley-Pool,

(1) Les Cabinda ont une habileté toute particulière pour les travaux manuels (Jeannest).

envoyées de Banana et de Boma. Ce genre de vannerie (1), qui n'est pas propre à la région maritime, sera également figuré plus tard et si nous le mentionnons c'est pour l'intérêt qu'il présente au point de vue des relations commerciales des peuplades indigènes. Nous ne nous départirons pas de cette règle.

Deux corbeilles et un plat, en minces lanières, provenant de Boma, non figurés.

Un plat, un dessous de plat et une corbeille en fibres avec dessins noirs, jaunes et rouges, envoyés de Banana, mais devant provenir de Landana ou Cabinda. Ne sont pas figurés.

PLANCHE VII (suite).

126 — Panier à petite ouverture, en éclats de rotins (probablement les stipes du *Raphia vinifera* si abondant dans les régions marécageuses du Congo). Échelle 1/4.
Provenance : Boma.

124 — Corbeille en lanières de rotins (?). Échelle 1/3.
La fig. 124*a*, pl. VII, donne le détail de cette vannerie et indique comment l'ornementation est obtenue par l'entrecroisement simple des lanières à l'état naturel ou teintes en noir.
Provenance : Mayumbe.
La collection possède en outre quatre corbeilles de même travail, mais monochromes, de hauteur variant de 0,11 à 0,29 et provenant de Boma et de Banana. Ce genre existe également au Stanley-Pool et plus avant; c'est une des vanneries les plus élémentaires que l'on puisse confectionner.

Un petit panier similaire muni d'un couvercle est catalogué 189. Il n'est pas figuré.
Provenance : Mayumbe.

132 — Panier cylindrique, fond carré avec couvercle s'emboîtant.
Ce genre de paniers est confectionné par les femmes museronge qui toutes savent les tresser, ils sont faits de lanières souples données par la tige d'une graminée; si l'on consulte la fig. 4 page 30 et la fig. 132*a*, pl. VII, on peut se rendre compte de la façon dont procèdent les artisans indigènes : la partie C D représente le fond du panier obtenu en entrecroisant les lanières *a* et *a'* d'une façon régulière, mais variable d'un spécimen à l'autre; les lanières *a* et *a'* sont ensuite relevées pour servir de base à la constitution du pourtour du panier; des lanières horizontales *c* sont enroulées à l'intérieur et forment pour ainsi dire une doublure destinée à consolider la vannerie, elles sont reliées aux lanières *a* et *a'* par un lien large passant obliquement à l'extérieur et verticalement à l'intérieur

---

(1) Cette vannerie est constituée par des bottes de fibres ou bâtonnets flexibles enroulés en spirale pour former les parois et reliés entre eux par un entrelacement de fines lanières. Elle est exceptionnelle au Congo mais commune au nord, à l'est et au sud de l'Afrique. Les Égyptiens tressaient de cette façon (Frobenius).

en traversant aux jointures (partie B C de la fig. 4) ; plus haut, aux lanières principales *a* et aux lanières de doublure *c* viennent s'ajouter à l'extérieur des lanières parallèles à ces dernières, que l'on peut considérer comme décoratives ; en effet si l'on examine les divers dessins de la planche VII et le croquis ci-contre, on verra que c'est par le jeu des lanières *a* et *b*, parfois colorées en noire ou rouge que l'on obtient les dessins ; les liens qui servent à retenir ces trois épaisseurs de lanières, deux horizontales et une verticale, contribuent aussi à l'ornementation ; ces liens, plus minces que ceux employés à la base du panier, sont obliques à l'extérieur, croisés ou même dissimulés.

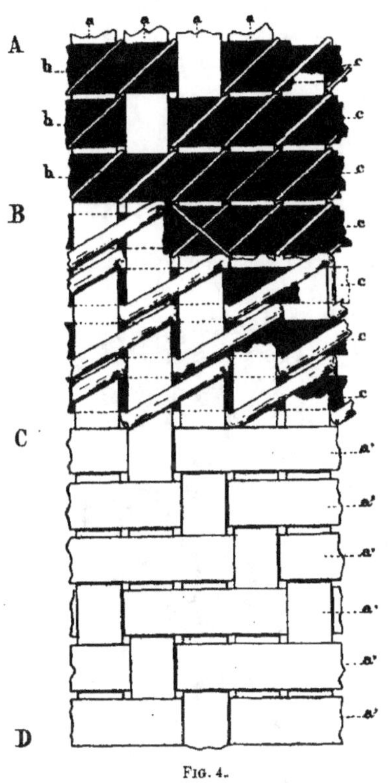

Fig. 4.

Détail de fabrication de paniers.

Ce genre de paniers est fort répandu, les dimensions et les combinaisons des lanières varient sans cesse ; la partie B C indiquée sur le dessin explicatif disparaît même parfois ; ailleurs, comme le spécimen catalogué 149, les lanières extérieures n'existent pas.

Le musée a conservé 13 échantillons ayant de 0,08 à 0,35 de hauteur et dont les dessins *132*, *131*, *133*, ainsi que *143*, *144*, *145*, *146* et *155*, donnent les principaux caractères de décoration.

Nous ferons remarquer que le fond carré de ces vanneries est une conséquence du mode de fabrication, il ne saurait se présenter autrement et cette forme n'est pas voulue.

143 — Panier du même genre que le 132, mais composé de deux corbeilles avec couvercles, fixées sur le même pied.

4 spécimens : *143*, *144*, *145* et *146*.

155 — Panier oblong, toujours du même genre que le 132 ; le couvercle est surmonté d'un second panier plus petit. Échelle 1/5.

Le musée possède en outre deux paniers oblongs sans cette ajoute sur le couvercle.

152 — Panier en lanières semblables à celles employées pour les différents paniers du genre précédent ; le travail dont l'aspect extérieur est figuré au 152*a* est analogue à celui figuré en B C de la fig. 1 ci-dessus, c'est-à-dire que les lanières extérieures sont consolidées par une doublure de lanières horizontales et parallèles intérieure, seulement les liens sont eux-mêmes des lanières identiques aux lanières principales, c'est ce qui le différencie du 149 mentionné déjà.

5 spécimens lesquels sont en général peu chargés de dessins noirs; le couvercle de l'un d'eux est surmonté d'une petite corbeille de même travail.

La fabrication de ces paniers a été signalée au nord de Matadi.

A ajouter 2 paniers catalogués 157 et 156, non représentés; le premier en lanières irrégulières ce qui lui donne un aspect peu soigné; le second, au contraire, en lanières très fines; ce dernier ne possède pas de couvercle.

PLANCHE VIII

158 — Corbeille d'un travail très simple, voir 158*a*, formée d'une seule épaisseur de lanières croisées. Échelle 1/5.

2 spécimens dont l'un avec couvercle, provenant de Banana, mais qui seraient originaires du Niari-Kwilu.

Une variété importante de vanneries se présente avec les types figurés au *162*, pl. VIII; *169*, pl. VII; *186*, pl. VIII. Quoique l'aspect de ces paniers diffère sensiblement de ceux mentionnés jusqu'ici, la synthèse du travail d'entrelacement des lanières et liens est semblable à celui détaillé pour les types 132 et suivants. Ce sont du reste aussi les femmes museronge qui les confectionnent. Le pourtour est formé de deux épaisseurs de lanières *a* et *c*, fig. 5, les lanières *a*, verticales, sont minces (elles sont le prolongement de celles du fond, mais divisées en deux) et ce sont les liens en fibres réunissant les lanières *a* aux lanières de fond *c* qui par leur enchevêtrement, en général irrégulier, caractérisent cette vannerie (fig. 162*a* et 186*a*, pl. VIII).

De larges éclats de rotin servant de nervures aux bords de la corbeille et de son couvercle leur donnent une grande solidité.

Examinons les formes observées lesquelles sont, sauf deux exemplaires, originaires de Banana.

162 — Panier avec couvercle, cylindrique, fond carré. Échelle 1/4.

11 spécimens de hauteur variant entre 0,09 et 0,24 et dont certains ont des lanières colorées en rouge.

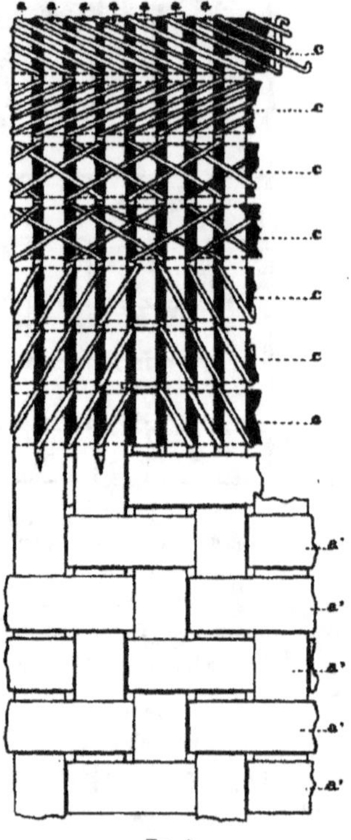

Fig. 5.
Détail de fabrication de paniers.

169 — (Pl. VII) Panier analogue au précédent, mais composé de trois parties et constituant ainsi deux paniers, le corps de l'un servant de couvercle à l'autre. Échelle 1/3.

Deux spécimens.

186 — (Pl. VIII) Panier oblong, portant sur son couvercle une corbeille minuscule.

Il fait partie d'une série de 16 paniers de longueur variant entre 0,17 et 0,30. Les lanières sont colorées en rouge ou en noir (le noir déteint est devenu violet). La corbeille du couvercle a disparu dans les autres spécimens, mais l'un d'eux, catalogué 173 et non figuré, est double comme le 169.

Trois paniers avec couvercles, en fibres serrées, originaires de la région nord de Manyanga (Basundi) ont été recueillis à Boma et au Mayumbe. A signaler aussi le 130 non figuré, panier minuscule haut de 0,05 avec couvercle et d'un diamètre de 0,03, provenant du Mayumbe.

120 — Exemplaire unique d'un panier de forme spéciale et d'un travail détaillé à la figure 120*a*. Échelle 1/6.
Provenance : Banana.

Abordons un genre tout différent des précédents, et comprenant les objets les plus remarquables tant au point de vue de l'enchevêtrement des lignes que du coloris. La fig. 110*a*, pl. VIII, montre le détail du travail extérieur, les fibres noires verticales, en piassava, servant en quelque sorte de chaîne, soutiennent les bottelettes de fibres souples formant la trame et colorées en rouge, jaune ou noir. Ce pourtour est rendu rigide par une doublure de larges lanières; les fonds sont en bois et le couvercle doublé de planchettes.

C'est encore Banana qui envoie ces beaux échantillons du travail des artisans noirs, seulement ils sont originaires de Loango.

110 — Type à l'échelle de 1/4 d'une série de 7 paniers cylindriques avec couvercles dont les dimensions varient de 0,11 à 0,31; aux *111*, *113*, *114*, *115* et aux *118*, *119*, *117*, l'on voit les schémas des diverses décorations caractéristiques qui se présentent.

118 — Silhouette et schéma au 1/4 d'un panier ventru, muni d'un couvercle.

117 — Silhouette et schéma au 1/5 d'un panier ventru avec pied, ouverture évasée et couvercle; muni de deux anses.

119 et *119a* — Face et profil au 1/6 d'un coffre en vannerie similaire dont le couvercle est à double fond.

Le 370 est un panier cylindrique en éclats de rotang, hauteur 0,86, diamètre 0,27 et le 339 mentionne une bouteille d'importation transformée en gourde en l'enserrant complètement d'un réseau de fibres du travail qui vient d'être décrit.

Pour terminer le Groupe I de la région maritime, signalons le 360 non figuré, boîte en écorce, cousue, avec couvercle, haute de 0,04, à fond de bois et provenant du Mayumbe.

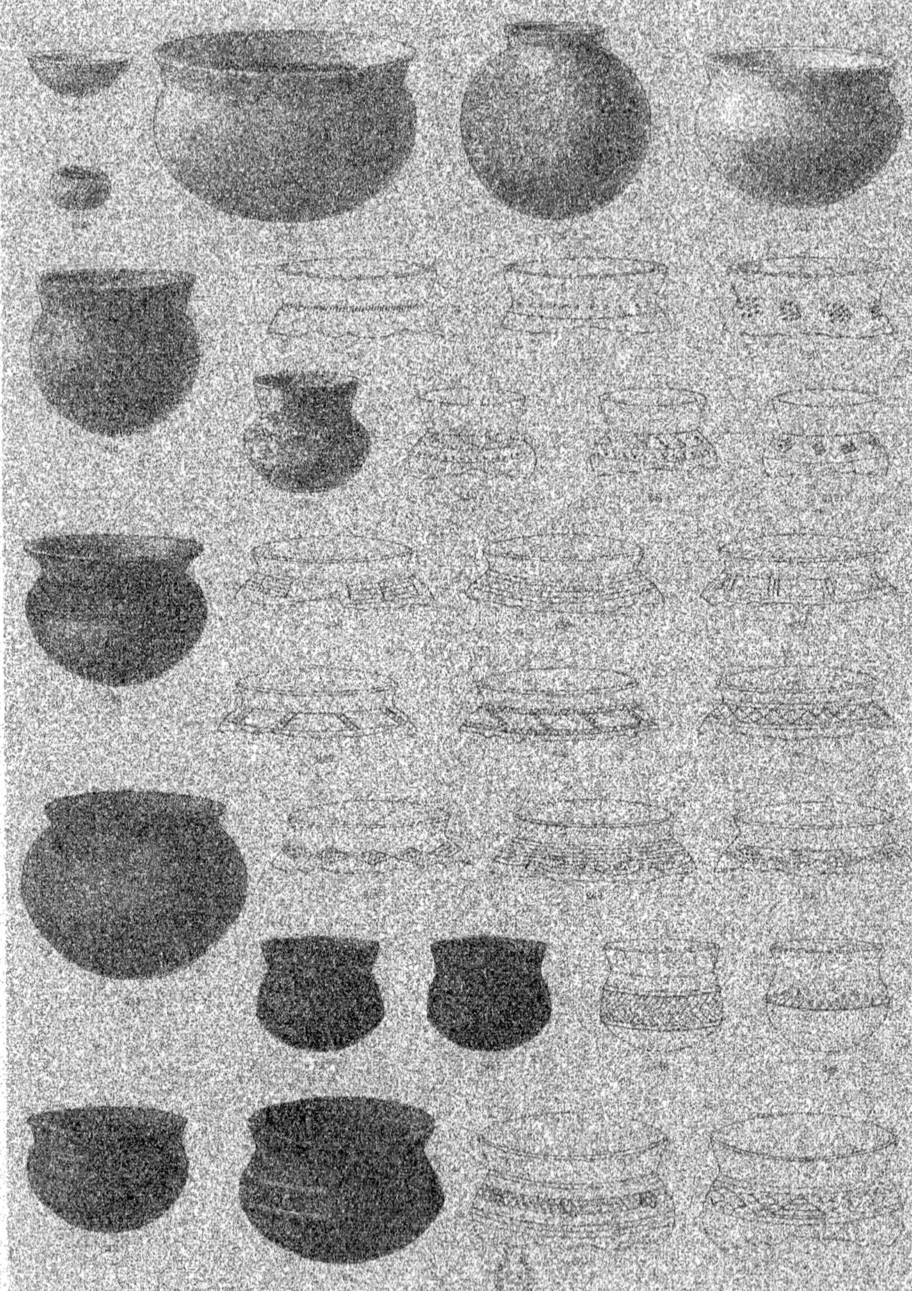

RÉGION MARITIME
Coupes

RÉGION MARITIME

RÉGION MARITIME.

RÉGION MARITIME

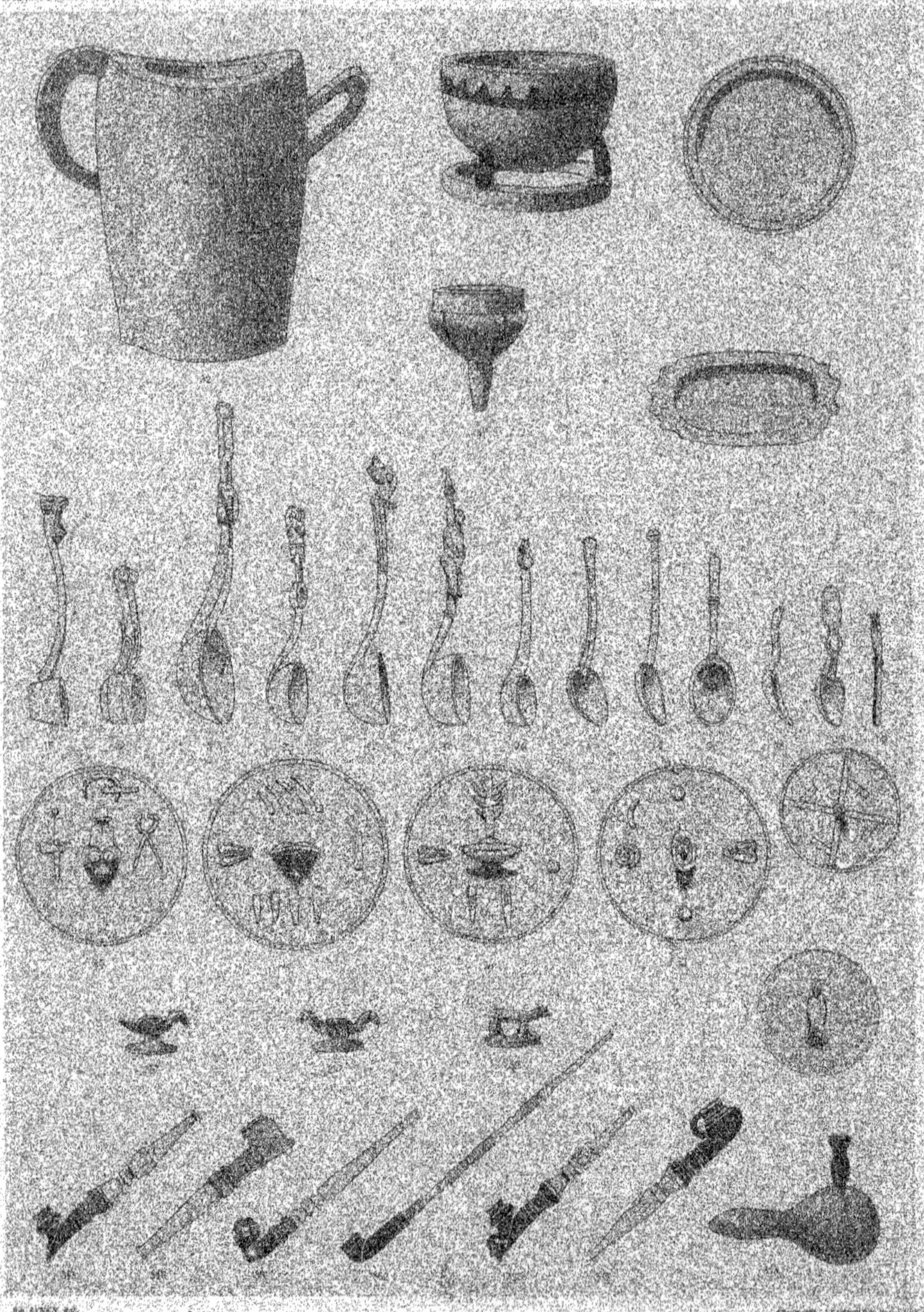

REGION MARITIME

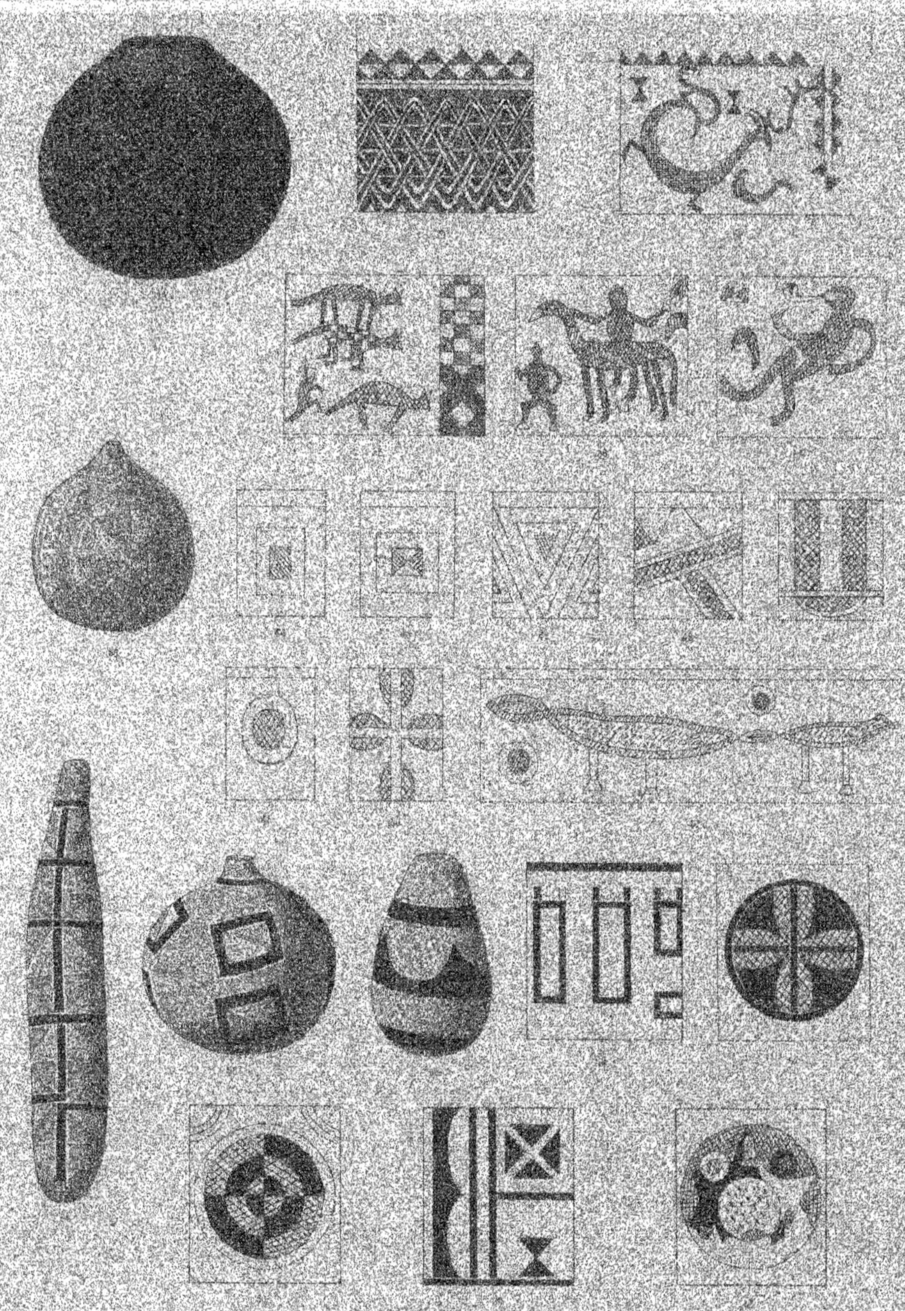

RÉGION MARITIME
Groupe I

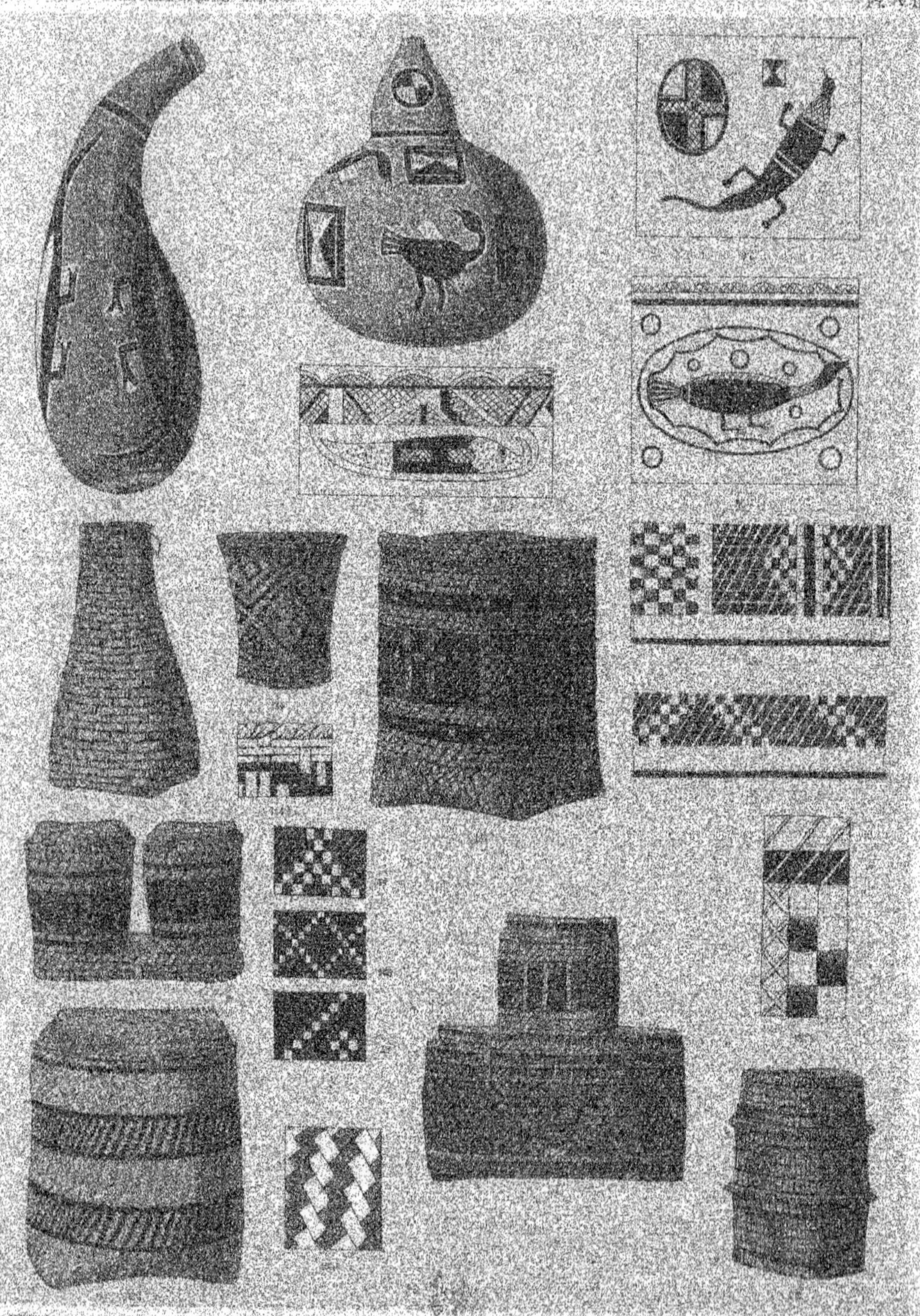

RÉGION MARITIME
Groupe 1

FASCICULES PARUS :

Botanique. — Série I. — Illustrations de la flore du Congo, par Em. De Wildeman et Th. Durand.
Tome I, fascicule 1, pl. 1 à 12. Octobre 1898.

Zoologie. — Série I. — Matériaux pour la faune du Congo. Poissons nouveaux, par G. A. Boulenger.
Tome I, fascicule 1, pl. 1 à 9. Novembre 1898.

Botanique. — Série I. — Illustrations de la flore du Congo, par Ém. De Wildeman et Th. Durand.
Tome I, fascicule 2, pl. 13 à 24. Décembre 1898.

Zoologie. — Série I. — Matériaux pour la faune du Congo. Poissons nouveaux, par G. A. Boulenger.
Tome I, fascicule 2, pl. 10 à 19. Décembre 1898.

Ethnographie et anthropologie. — Série I. — L'âge de la pierre au Congo, par Xavier Stainier.
Tome I, fascicule 1, pl. 1 à 5, avec carte. Janvier 1899.

Botanique. — Série I. — Illustrations de la flore du Congo, par Ém. De Wildeman et Th. Durand.
Tome I, fascicule 3, pl. 25 à 36. Mars 1899.

www.ingramcontent.com/pod-product-compliance
Lightning Source LLC
LaVergne TN
LVHW010337030726
842520LV00004B/1522